AF357701

(202e)

CATALOGUE

D'ESTAMPES

ANCIENNES

DES DIVERSES ÉCOLES

LIVRES A FIGURES

PORTRAITS, VUES DE PARIS

d'Israël Silvestre, etc.;

LITHOGRAPHIES & DESSINS

DONT LA VENTE AURA LIEU

HOTEL DES COMMISSAIRES-PRISEURS

RUE DROUOT, 5

SALLE N° 6, AU PREMIER ÉTAGE

Le Samedi 4 Février 1865

A UNE HEURE PRÉCISE.

***

Me DELBERGUE-CORMONT, Commissaire-Priseur,
rue de Provence, 8,

Assisté de **M. VIGNÈRES**, Marchand d'Estampes,
rue de la Monnaie, 13, à l'entresol, entrée rue Baillet, 1,

CHEZ LEQUEL SE DISTRIBUE LE PRÉSENT CATALOGUE.

***

PARIS — 1865

CONDITIONS DE LA VENTE

—

Elle sera faite au comptant.

Les Acquéreurs paieront CINQ POUR CENT en plus des enchères applicables, aux frais.

—◦—

L'Ordre du Catalogue sera suivi.

Les lots pourront être divisés, à la volonté du vendeur.

—

M. VIGNÈRES, dirigeant la Vente, se charge des Commissions.

NOTA. Toute commission sans prix fixé ou sans limite déterminée sera regardée comme nulle.

M. VIGNÈRES se charge de faire marquer les prix aux Catalogues des ventes qu'il a faites. Les personnes qui le désirent peuvent s'adresser à lui *franco*.

Les Catalogues des Ventes à faire seront envoyés à toute personne qui en fera la demande *affranchie*.

AVIS. — Nous prions MM. les Amateurs éloignés de ne pas attendre au dernier jour, pour que les lettres arrivent le matin de la vente ; ils comprendront que quelques lettres peuvent se lire, mais de 20 à 50 lettres, c'est difficile.

ESTAMPES ANCIENNES

De Diverses Écoles

ET

LIVRES A FIGURES

1 **Alix**. Sujets de chasses. 21 p.

2 **Barlow**. Nouveau livre d'oiseaux. 12 p. par Gole.

3 **Bartoli** (P.-S). Frises du Vatican, d'ap. Raphaël. 15 p. brochées.

4 **Beaudoin** (d'ap.). La Sentinelle en défaut.

5 **Berger** fils. Le Prince de Gueldre menaçant son père, d'après Rembrandt.

6 **Berghem**. Brebis, moutons, etc., à l'eau-forte, Paysanne et son enfant, avant la lettre, Composition de bestiaux par Dankerts, Corneille et Jean Vischer. 66 p. par et d'après. Pourra être divisé.

7 **Bertaux**. La Bienfaisance ingénieuse. — La Jeune nourrice. — Le Bénédicité. 3 p.

8 **Bloemaert**. Caprices, Figures, Oiseaux, Animaux. 29 p.

9 **Bodeneer** (d'ap.). Teniers, Ostade, etc , Scènes bachiques et autres. 6 p. manière noire.

10 **Bonnart** et autres. Costumes de dames, etc., noir et couleur. 23 p.

11 **Bonnart** (chez). Les Malheurs de la guerre, in-
spirés de Callot. 17 p. Costumes Louis XV, volume
oblong.

12 **Bonnet**. Le Rendez-Vous en couleur Nymphe
couchée sur un dauphin, à la sanguine. 2 p.

13 **Bosse** (d'ap. Ab.). Le Maître. — La Maîtresse
d'école. 2 p.

14 **Callot**. Les Petites misères de la guerre. 7 p.
Allard ex.
— Les Grandes misères de la guerre. 18 p ,
d'après.
— Les Gueux, 24 p., d'après.

15 **Claessens**. 15 p. d'ap. F. Bol, Rembrandt,
J. Steen, Van Dyck et autres. Superbes ép. avant la
lettre sur chine.

16 **Cottmann** (d'ap. J.). Etudes d'architecture
pittoresques. 10 p. à l'eau-forte, ép. sur chine par
Teuillier, Villevielle, etc.

17 **De Lat**. ex. Les Eléments et autres. 7 p.

18 **Des Nageoires**. Vues en Savoye. 8 p. dont 2
sur papier bleu.

19 **Drouyn** (Léon). Paysage à l'eau-forte et sujets
par Charles Jacques. 18 p.

20 **Dusart** (C.) Les Crieurs. B. 3.

21 — Le Vieilleur. B. 11.

22 — La Kermesse. B. 16.

23 **Eisen** (dap.). Le Bal champêtre, le Midi. l'Après-
Midi. 3 p. par de Longueil.

24 **Everdingen**. Receuil de 100 paysage à l'eau-
forte. Amsterdam, 1696, non rogné.

25 **Fac-simile** de dessins de l'Ecole Flamande, par Brouwer, Bylaert, Cootwick, Buckorn, Michelis et autres, la plupart avec différences. 80 p.

26 **Floris** (d'ap.). Figures de femmes allégoriques. 5 p.

27 **Gerard** (d'ap.). Le Départ, l'Arrivée, l'Attaque, le Succès, le Regret, le Repos. 6 p. par Potrelle.

28 **Goltzius** Portrait d'homme, autre copie. 2 p.

29 **Grave**. Paysages. 8 p.

30 **Gravelot** (d'ap.). Scènes enfantines. 6 p.

31 **Greuze** (d'ap.). La Petite fille au carlin, par Ingouf. — Le Garçon au chien de Terre-Neuve, par Schultz. 2 p.

32 **Maid**. Rembrandt tenant un sabre, manière noire.

33 **Heemskerke**. Sujets allégoriques. 10 p.

34 **Hogarth**. Scène de la vie de la grisette. 3 p.

35 **Laan** (A. Van der). La Pêche du hareng. 17 p. brochées.

36 **Laan**. D'ap. V. der Meulen, Vaisseau hollandais. 16 p.

37 — Pêche aux harengs. 6 p.

38 — Délices de mer, de terre et de rivière. 21 p.

39 **Larivière** (Ch.). Vierge et Jésus d'ap. Raphaël, in-4. Sup. ép. avant la lettre, chine.

40 **Lempereur** et autres. Paysages. 11 p.

41 **Leprince**. Les Nouvellistes, le Poêle, les Barques, etc. 6 p. en bistre.

42 **Lucien**. Candélabre de Raphaël et de Michel-Ange. 2 p. Chaque en 2 feuilles.

43 **Luyken**. La Saint-Barthélemy, chef-d'œuvre du maître, grande pièce rare. Massacre des réformés, 3 p., Chasses, pièces historiques, etc. 10 p.

44 **Manière noire**. Par divers. 11 p.

45 **Marcus** et **Smies**. Caricatures. 14 p., sur les ballons, les perruques, etc. Coloriées.

46 **Marot** (d'ap. Daniel). Berceaux. Treillages, Cabinets de verdure, décorations de jardins, Bassins, Fontaines. 20 p.

47 **Marvy**. Eaux-fortes d'ap. Rembrandt, paysages. 20 p.

48 — Paysages d'ap. Berthault. 12 p.

49 — Paysages divers. 20 p.

50   Paysages tirés de l'artiste, etc., 20 p.

51 — Paysages d'après Diaz et autres. 25 p.

52 — D'après Dupré et autres. 30 p.

53 — Titres et divers paysages, 27. — Bois tiré de l'ouvrage le Rhin et autres, 18. — En tout 45 p.

53 bis — Promenades pittoresques à Hyères (Var). 12 p. d'ap. Denis.

54 **Michel-Ange** (d'ap.). Le Christ en croix.

55 **Nolpe** (P.). Sujets sur le mariage de Louis XIII. 7 p., toute marge.

56 **Noorde**. Fac-simile d'après les maîtres hollandais. 18 p.

57 **Os** (Van). Animaux. Suite de 12 p. avant les numéros.

58 **Ostade**. Son œuvre à l'eau-forte en 62 p., dont plusieurs doubles pour différences et quelques pièces d'après lui, complet, dans un portefeuille.

59 **Ostade** (d'ap.). Scènes de Buveurs, par Basan, Janinet, Suyderhoef et Wischer. 4 p.

60 **Ozanne**. Évolutions militaires, Cahiers de barques, navires, etc. 46 p., par et d'après.

61 **Parboni** (P.). Fresques de Guaspre Poussin. 12 p. et titres gravés. In-fol.

62 **Perelle**. Paysages, Marines, ronds, carrés et longs, 125 p., la plupart superbes ép Pourra être divisés.

63 **Place** (F.). Sujets maritines. 6 p.

64 **Potter** et autres. Animaux à l'eau-forte, par et d'après. 38 p.

65 **Rigaud**. Réception des chevaliers de l'ordre du Saint-Esprit à Versailles, en 1724.

66 — Siéges, 6. — Sujet maritimes, 6. — 12 p.

67 **Rubens** (d'ap.). Le Triomphe de la Charité, en 2 feuilles. — Moïse sauvé, par Audran, d'après Coypel, 2 très-grandes p.

68 **Saint-Non** (abbé de). Recueil de grifonnis de Vues, Paysages, Fragments antiques et sujets historiques gravés à l'eau-forte et au lavis, d'ap. les maîtres des écoles italienne et française. 156 feuilles, la plupart avec plusieurs planches. Beau vol. carton.

69 **Schmidt**. Son portrait dessinant.

70 — Dorothée-Louise Viedebandt, sa femme.

71 — Cinq têtes d'enfants.
— La mère de Rembrandt.
— Vieillard dirigé à droite.

72 — La Couseuse. — Vieillard de profil.
— Oriental. — Femme de profil, 2 p.

73 **Schmidt**. Seigneur. — Dame de qualité. 2 p.

74 —. Fumeur et buveur, d'ap. Ostade.

75 — Présentation au temple, — le Christ et la fille de Jaire. 2 p.

76 — Vierge, Jésus et Saint-Jean, d'ap. Van Dyck.

77 **Sicardi**. Oh! che Boccone, et autres. 5 p.

78 **Teniers** (d'ap.). Joueur de Cornemuse, etc. 11 p.

79 **Vischer**. D'après Ostade, Danse à la porte et à l'intérieur du cabaret. 2 p.

80 — Paysages, d'ap. Breugel. 25 p.

81 **Vivier** (d'ap.). Vignettes pour les fables de La Fontaine. 136 p.

82 **Vliet** (Van). Le Toucher.

83 — Les Métiers. 18 p. Complet.

84 **Vos** (d'ap. Martin de). La Pentecôte et autes sujets religieux. 4 p.

85 **Watteau** (d'ap.). L'assemblée galante, par Lebas.

86 **Waterloo** (Ant.). Paysages à l'eau-forte. 76 p., dont 24 grandes, d'après une note manuscrite en tête. Ce volume vient de la famille de Gérard Terburg.

87 **Waterlo** Paysages, B. 5, 23, 33, 34, 47, 48, 49, 50, 52, 64, 93, 125 et autres. 16 p.

88 — 113 à 118. Paysages en largeur. 6 p., anciennes ép., papier à la folie.

89 **Woeiriot** (P.). La Bataille de Constantin contre Maxence, d'ap. Raphaël. R. D. 208.

90 **Zeeman** (R.). Combats navals et autres marines, à l'eau-forte. 16 p. Rares.

91 — Les Elémens, 4 Marines.

92 Ecole française et autres, le Souhait de bonne an-
née au grand papa, l'Eplucheuse de salade, etc.
10 p.

93 **Cabinet Choiseul**. Epreuves anciennes avec
texte. 122 p. in-4 gravées, manque 6 p., exemplaire
en feuilles dans un portefeuille.

94 **Cabinet Lebrun**. Epreuves anciennes non ro-
gnées. 142 p., très-bel. ép. dans un portefeuille.

95 Diverses Galeries. 14 p.

96 Galerie de Dresde, d'ap. Giordano, etc. 10 p.

97 Galerie du Luxembourg. 10 p.

PORTRAITS

98 **Alix**. Fénelon, Helvétius, Mably et Henri IV, par
Janinet, 4 portraits ovales en couleur.

99 **Beauvarlet**. Edme, Bouchardon, sculpteur,
in-fol.

100 **Blanchard** fils, Joséphine, d'ap. Prudhon.

101 **Daullé**. Louis XV, d'ap. Rigaud. — L.-Ph.
d'Orléans, duc de Chartres, d'ap. S. Belle. 2 p.
in-fol.

102 — Cardinal de Polignac. — J.-B. Rousseau. 2 p.
in-fol.

103 **Desmadryl**. George Sand, d'ap. Charpentier,
in-4.

104 **Drevet**. Cardinal Dubois, in-fol., belle ép.

105 — Nicolas Lambert, in-fol.

106 — Rigaud. — Cardinal de Rohan, Toulouse et
Vintimille, archevêque de Paris. 4 p. in-fol.

107 **Drevet**. Samuel Bernard, conseiller d'Etat, en pied, gr. in-fol.

108 **Dupont** (Henriquel). Carle Vernet, avec ton.

109 **Dyck** (d'ap. Van). Portraits d'hommes et de femmes. 13 p.

110 **Edelinck**. Jules Hardouin Mansart, in-fol.

111 — Luxembourg, Nanteuil, Rouillé, 3 port.

112 **Giffart**. Françoise d'Aubigné , marquise de Maintenon, in-fol.

113. **Lépicié**. Philbert Orry, contrôleur des finances, in-fol.

114 **Nanteuil**. Castelnau, R. D. 58.

115 — Charles V de Lorraine, R. D. 63.

116 — Ch.-Maurice le Tellier, abbé de Lagny (139).

117 — Henri d'Orléans-Longueville (149).

118 — Barillon de Morengis. — J.-A. de Mesmes. 2 p. collés sur cart.

119 **Petit**. Maurepas, Potier, 2 port. en pied. — Titon du Tillet. 3 p. in-fol. collés.

120 **Tardie**. Bon de Boullogne. — Oudry, 2 p. in-fol. collés.

121 **Tempesta**. Henri IV à cheval.

122 **Walker**. Sir Henri Raeburn, peintre, in-fol. d'ap. lui-même. Sup. ép., toute marge.

123 — Sir Walter Scott, d'ap. Raeburn, in-fol. Sup. ép., toute marge.

124 **Will** (J.-G.). F.-L.-A. de Neufville, duc de Villeroy.

125 Portraits d'ecclésiastiques et autres, par Audran, Thomassin et autres, in-fol., 13 p., 2 lots.

126 **Portraits** tirés de l'Histoire d'Angleterre de Larrey. 50 p.

127 — Anciens et modernes, célébrités diverses. 450 p., plusieurs lots.

128 **Portraits** en pied tirés de la galerie Cardinale. 14 p.

129 — Louis XIV, Condé. etc. 10 p.

130 — Napoléon, sujets, les Cent-Jours. 20 p.

131 Portraits généraux de l'Empire, de Furne. 24 p.

132 — De Napoléon en buste, pied, à cheval, 20 différents.

133 **Portraits**. La Peyronnie et autres.

134 — Assemblée des notables, Sacre de Napoléon, etc. 6 p.

135 Portraits au trait de la Biographie. 359 p.

136 **Portraits**. Jérôme Napoléon, A. Kaufman, etc. 6 p.

137 — Henri IV et Sully. 12 p.

138 — Marguerite d'Autriche, Gonzague, Provence. 6 p.

139 — Fénelon et autres portraits divers. 35 p. Sera divisé.

140 Portraits des galeries de Versailles, dessins de la vente Gavard. En buste: Arioste. — Babou. — Georges d'Amboise. — Desaix. — Suzanne d'Escars. — Jeanne d'Hallwin. — J. Parisot de la Valette. — Villiers de l'Ille-Adam. — En pied : Gaston de Foix. — Junot, duc d'Abrantès. — Leclerc, général. 11 p. à la mine de plomb par Girardet, Guemied, Massard, Sandoz. Sera divisé.

141 Portraits, armures, école italienne, singeries, etc.
70 p., 2 lots.

142 Vignettes et portraits pour la Révolution française, d'ap. Johannot, etc. 30 p.

143 Vignettes diverses anciennes et modernes. **23 p.**

VUES DIVERSES

144 **Vues de Paris**. 1620, 1654. Plan, l'Arsenal, etc.
5 p.

145 — De Versailles, Montpellier et autres. 20 p.

146 **Janinet**. Vues des principaux monuments
de Pari en couleur. 21 p.

147 **Lebas**, d'ap. Lantara. Vues de Paris. 4 p.

148 **Leclerc** (d'ap.) Vues de Paris et environs.
12 p.

149 — Cambray, 2 différentes vues du siége, Saint-
Omer, et autres. 3 p. tirées des Grandes Conquestes.

150 **Marot** (J.). Vues de Paris, belles ép. la plupart avec marge. 11 p.

151 **Martinet**. Histoire civile, ecclésiastique de
Paris, vues et titre, 34 p.

152 **Née** et Masquelier. Vues de Paris, place Louis XV,
Pont-Neuf, le Louvre, Chaillot, etc. 12 p.

153 **Perelle**. Vues de Chantilly, Marly, Paris, etc.
16 p.

154 **Rigaud**. Vues de Paris et châteaux royaux.
22 p.

155 **Silvestre** (Israel). Vue de l Hôtel-de-Ville à
Paris.

156 · — Perspective de Notre-Dame vue de la Grève.

157 — Chapelle et maison de Sorbonne.

158 — La Tour de Nesle et galerie du Louvre. — Le Pont-Neuf et l'île du Palais. 2 p.

159 — Palais d'Orléans, Luxembourg. 3 p.

160 — Vue du vieux château de Rouen.

161 — Château et hôtel de Liancourt. 9 p.

162 — Châteaux de Berny, 2, — Bury, 2, — Fontainebleau, 4,—Rincy, 3,— Richelieu, 2, —Ruel, 2. — 15 p.

163 — Châteaux de St-Germain, St-Cloud, Vincennes, Verneuil et autres. 14 p.

164 — Vues de France, abbaye de l'Étang, églises et ville de Tonnerre, Lyon, 5, Avignon, 3 et autres. 16 p.

    Toutes ces vues sont belles et avec marge.

165 **Silvestre** (Israel). Vue du Pont-Neuf et de l'isle du Palais, jardin du grand prieur du Temple, château de Vincennes, jardin d'en haut de Gaillon, église Notre-Dame de Rouen du côté du pont, le Pont-de-Pierre à Rouen, le Pont-de-Pierre et le Mont-Sainte-Catherine, château de la Ferté-Milon. 8 p. très-belles, toute marge.

166 — Hôtel de Vendôme, St-Germain-en-Laye, Fontainebleau, vues de Bourgogne et Champagne. 12 p.

167 — Vues de Paris, l'Arsenal, les Bons Hommes, etc., 7 p.

168 — Vues de Liancourt et autres. 20 pet. p.

169 — Vues de Nancy. 7 p.

170 — Paris, France, etc. 10 p.

171 Vues de Paris, Bercy, Saint-Denis, Sens, etc., 8 p.

172 Grandes vues de Paris, hôtel des Monnaies, les Invalides, 3, le pont de Neuilly, intérieur de la Bibliothèque Sainte-Geneviève, Saint-Eustache, Panthéon, l'Amphithéâtre anatomique, etc. 10 p. gr. in-fol.

173 Vues intérieures de Paris d'après Lespinasse. 4 gr. p.

LITHOGRAPHIES

174 Archéologie de Chalon, vues d'Harding, dessins d'architecture, etc. 32 p.

175 **Beaumont** (Edouard de). Scènes de carnaval de lorettes, canotiers, etc. 56 p., ép. de journal.

176 **Calame**. Ferogio et autres, Paysages. 12 p.

177 **Charlet**. Album de lithog., sujets militaires. 90 p., plusieurs sur Chine.

178 **Beroy**. France en miniature, vues lithograp. et coloriées. 49 p.

179 **Deveria**. Scènes maternelles, familières, etc. 20 p. lithog.

180 **Felon** et autres. Baigneuses, sujets gracieux de femmes. 12 p.

181 **Gavarni**. Impressions de ménage, 28, — les Enfants terribles, 10, — les Lorettes, 47, — Fourberies de femmes, 2ᵉ série, 26, — Clichy, 9, — les Maris vengés, 11, — la Vie de jeune homme, 19, — les Débardeurs, 4, — Chevalier de Nogaroulet, 3, — Masques et Visages, 3, — les Actrices, 6, — l'Eloquence de la chair, 17, — Revers des médailles, 3, — Manteau d'Arlequin, 4, — Scènes de Carnaval et divers, 24. En tout 214 p., ép. de journal.

182 **Hubert**. Chêne, hêtre, noyer, bouleau. 4 gr.
études d'arbres.

183 **Raffet**. Le Réveil et autres pièces d'ap. lui et
Charlet, 12 p.

184 Caricatures du Charivari, ép. du journal, 356 p.
Pourra être divisé.

185 — De Cham, en bois et lithog. 360 p. Pourra être
divisé.

186 Lithographies diverses. 25 p.

187 Têtes d'études gravées par Reverdin et autres,
Henri IV, Atala, etc. 27 p.

188 Lithographies par Julien, etc., grandes études à
deux teintes. 25 p.

189 **Divers**. Vignettes, pièces de l'Artiste et autres.
63 p.

190 — Vignettes, Bloemart, architecture, etc. 68 p.

191 — Vignettes anglaises et françaises. 50 p.

192 — Jeux d'enfants, 12. — Cabinets des énigmes, 25.
— Caprices, 8. — 45 p.

193 — Ecole italienne, française, etc. 80 p. Sera
divisé.

194 — Sujets et paysages divers, 35 p. Sera divisé.

195 — Sujets divers, anciens et modernes, paysages, etc. 85 p., 2 lots.

196 — Pièces de l'Artiste gravées en lithog. 50 p.

197 — Journaux : L'Illustration, 1850, 21 ; Revue
pittoresque, 9 ; Magasin pittoresque, 6 ; Histoire
des Missions catholiques, 25 ; les Vies des Saints, 7 ;
l'Artiste, 20 texte ; l'Écho des Feuilletons, 2.
Environ 90 numéros, la plupart illustrés.

DESSINS

198 DUBOURG. Allégorie pour titre de manufacture d'étoffe à l'encre de Chine, et la gravure. 2 p.

199 — Illustration pour Rabelais, in-4. 5 dessins à l'encre de Chine et les gravures. 10 p.

200 — Sujets mythologiques. 6 p.

201 PICART (B.), 1712. L'Histoire écrivant sous la dictée du Temps, et Minerve présidant les fouilles faites à Rome. Beau dessin à l'encre de Chine.

202 WINKELES. Village de Meudon et le vieux Château.—Le château de Madrid au bois de Boulogne. 2 charmants dessins à l'encre de Chine.

203 WITT (de). Sujets d'enfants grisaille, au bistre rehaussé de blanc et autres. 4 p.

204 Cahier de 25 dessins de Romain de Hooghe, Van Wertwelt, 2, Kauwenhoorn, Terburg le vieux, 5, Gérard Terburg, 3, E. Grasdorp dont les Saisons deux fois avec différents attributs, 11, J. Grasdorp. Note manuscrite dit venir de la famille Terburg.

205 Cahier de 31 dessins de Hoogstraten, 4, Averkamp, 2, Kamerlink, Gérard Terburg le vieux, 4, Gérard Terburg le jeune, 1631, 8, H. Terburg, E. Grasdorp, J. Grasdorp, 5, Kauwenhorn, 2, Livens, Grimaldo et autre inconnu.

206 **Bois anciens**. Planches gravées, petits sujets religieux, de chasse et autre pour illustration de petits livres, 76. Bois de divers formats.

RENOU et MAULDE, imprimeurs de la Compagnie des Commissaires-Priseurs
rue de Rivoli, 144.   38520